저자 소개

원작 슈뻘맨
영식이형, 동욱이형으로 구성된 어린이 인기 유튜브 채널이다. 대결, 도전, 실험, 체험 등의 좌충우돌 슈퍼 뻘짓을 주 콘텐츠로 하고 있다. '구독자들의 삶에 활력소와 위로'가 되기 위해 열심히 영상을 만들고 있으며, '세상에 의미없는 뻘짓은 없다!'는 포부로 더 큰 재미와 규모가 큰 뻘짓을 하려고 노력 중이다.

글 김정욱
어린이 만화 잡지 <아이큐점프>에 『토이 솔져』로 만화계에 입문하였다. 다수의 잡지 만화와 웹툰을 연재하였고, 현재는 어린이를 위한 재미있고 유익한 학습 만화를 만들기 위해 노력 중이다. 대표 작품으로는 『말이야와 친구들』 『설민석의 세계사 대모험』 『비밀요원 레너드 과학X파일』 등이 있다.

그림 이혜림
2008년까지 일본에서 단편 만화와 일러스트를 작업했고, 이후 <어린이 과학동아>와 <사이언스 올>에 어린이 만화를 연재했다. 대표 작품으로는 『말이야와 친구들』 『말이야와 좋은 습관 친구들』 『마인드스쿨 19』 『냥이대장과 별별천문대』 등이 있다.

감수 어경연(세명대학교 동물보건학과 교수)
경북대학교 야생동물수의학 박사. 서울대공원 동물원장을 역임하며 수많은 야생 동물을 돌보았다. 현재는 대학교에서 후진 양성을 위해 학생들을 지도하고 있다.

감수 샌드박스네트워크
최근 각광받고 있는 MCN 업계의 선두 주자. '크리에이터들의 상상력으로 세상 모두를 즐겁게!'라는 비전을 가지고 크리에이터가 자신의 창의력과 능력을 마음껏 발휘하는 디지털 문화 생태계를 조성하고자 한다. 대표 크리에이터로는 슈뻘맨, 말이야와 친구들, 도티, 백앤아, 빨간내복야코 등이 있다.

슈뻘맨의 슈퍼 상식 월드컵
❶ 최강의 육상 동물

1판 1쇄 발행 | 2024. 9. 27.
1판 5쇄 발행 | 2025. 3. 14.

원작 슈뻘맨 | **사진** shutterstock
글 김정욱 | **그림** 이혜림 | **감수** 어경연, 샌드박스네트워크

발행처 김영사 | **발행인** 박강휘
편집 윤기홍 | **디자인** 조수현 | **마케팅** 이철주 | **홍보** 육소연
등록번호 제 406-2003-036호 | **등록일자** 1979. 5. 17
주소 경기도 파주시 문발로 197 (우10881)
전화 마케팅부 031-955-3100 편집부 031-955-3113~20 | **팩스** 031-955-3111

ⓒ슈뻘맨. ALL RIGHTS RESERVED.
ⓒSANDBOX NETWORK Inc. ALL RIGHTS RESERVED.
본 상품은 ㈜샌드박스네트워크와의 정식 라이선스 계약에 의해 ㈜김영사에서 제작,
판매하므로 무단 복제 및 전재를 금합니다.

값은 표지에 있습니다.
ISBN 978-89-349-1128-9 77030

좋은 독자가 좋은 책을 만듭니다. 김영사는 독자 여러분의 의견에 항상 귀 기울이고 있습니다.
전자우편 book@gimmyoung.com | 홈페이지 www.gimmyoung.com

최강의 육상 동물

원작 슈뻘맨 | 글 김정욱 | 그림 이혜림

주니어김영사

동욱이
승부욕 100%,
자칭 브레인

영식이
승부욕 100%,
행동파

냥 박사
천상계의 브레인

파티마
천상계의 공주

루시퍼
지하 세계 대마왕

다이아나
루시퍼의 작전 참모

탕탕
사냥 전문가

1화 **대결의 시작** ······ 6
　　뿔둥이들의 도전 다른 그림 찾기! ······ 34

2화 **호랑이 VS 아나콘다 / 사자 VS 북극곰** ······ 37
　　뿔둥이들의 도전 숨은그림찾기! ······ 70

3화 **치타 VS 고릴라 / 코뿔소 VS 나일 악어** ······ 73

4화 **호랑이 VS 하마 / 코끼리 VS 북극곰** ······ 103

5화 **랜덤 카드의 결과** ······ 135
　　정답 ······ 164

대결의 시작

다른 그림 찾기!

오른쪽 그림에 왼쪽 그림과 다른 그림 13개를 찾아 동그라미 하세요!

뻘둥이들의 도전

정답 164p

호랑이 vs 아나콘다
사자 vs 북극곰

★**참모** 윗사람을 도와 어떤 일을 꾀하고 꾸미는 사람.

***시속** 1시간을 단위로 잰 속도. 1시간 동안 이동할 수 있는 거리를 나타낸다.

★지구력 오랫동안 버티며 견디는 힘.

저럴 수가! 사자가 북극곰의 앞발을 맞고 쓰러졌어!

호랑이나 사자의 앞발도 강하지만 북극곰의 앞발도 엄청나게 강해.

그뿐만 아니라 무는 힘도 북극곰이 더 세다고!

선수 보고서

❶ 산속의 왕 호랑이

산에서 쉬고 있는 호랑이

분류 고양잇과의 포유류
크기 수컷 약 2.2~4m, 암컷 약 1.9~2.8m
무게 수컷 약 160~190kg, 암컷 약 110~130kg
수명 야생 기준 약 10~15년
분포지 아시아 숲, 초원 및 습지

특징
❶ 현존하는 고양잇과 동물 중 가장 크다.
❷ 멸종 위기종이며 전 세계에 약 5,000여 마리가 야생에서 살고 있다.
❸ 주로 단독 생활을 하고, 암컷이 홀로 새끼를 키운다.
❹ 호랑이의 포효 소리는 3km 거리에서도 들을 수 있다.
❺ 대부분의 고양잇과 동물들이 물을 싫어하지만, 호랑이는 수영에 능숙하다.

이래서 호랑이가 최고지!

1. 무시무시한 송곳니와 앞발
- 6~7cm가량인 송곳니의 파괴력은 고양잇과 맹수 중 단연 최강이다.
- 크고 강력한 앞발과 날카로운 발톱은 소나 말처럼 크고 튼튼한 동물들도 단번에 제압할 수 있다.

2. 뛰어난 운동 능력
- 빠른 속도와 기습에 능한 민첩성을 가지고 있다.
- 8~10m까지 점프할 수 있는 다리 근육, 고양잇과 특유의 운동 신경과 유연성이 있다.

물속에서 싸움 중인 호랑이들

❷ 뱀들의 왕 아나콘다

숲속 나무에 매달려 있는 아나콘다

분류 보아과에 속하는 파충류
크기 몸길이 약 4~10m
무게 종에 따라 차이가 크며 약 100~400kg
수명 야생 기준 약 15~20년
분포지 남아메리카, 아마존, 열대 우림

특징
❶ 현존하는 가장 거대한 뱀이며 독이 없다.
❷ 물을 좋아하며, 낮에는 땅 위나 나무 위에서 일광욕을 즐긴다.
❸ 시력이 나빠 다른 감각 기관을 이용해 사냥을 한다.
❹ 배가 부르면 자신을 건들지 않는 이상 온순한 편이다.
❺ 배 속에서 알을 부화한 후 새끼를 낳는다.

이래서 아나콘다가 최고지!

1. 강력한 조이는 힘과 민첩성
- 사냥감을 몸통으로 휘감아 조여서 죽이며 악어나 큰 동물도 잡아먹는다.
- 땅 위에서는 느리지만, 물속에서는 움직임이 빨라 사냥을 더 잘한다.

2. 물속의 강자
- 물속에서 시속 약 16km로 빠르게 이동할 수 있다.

카이만 악어를 사냥하는 아나콘다

❸ 아프리카 초원의 왕 사자

초원에서 어딘가를 바라보는 사자

분류 고양잇과의 포유류
크기 몸길이 1.6~2.5m
무게 약 100~300kg
수명 야생 기준 약 10~15년
분포지 아프리카, 인도 초원

특징
❶ 호랑이와 함께 고양잇과 최대의 맹수이다.
❷ 주로 낮에는 쉬고, 밤에 사냥을 한다.
❸ 주로 암컷이 사냥을 하고, 수컷은 영역과 새끼를 지킨다.
❹ 보통 10여 마리 정도가 무리를 지어 생활한다.
❺ 수컷 사자는 고양잇과 동물 중 유일하게 갈기를 가지고 있다.

이래서 사자가 최고지!

1. 뛰어난 신체 능력
- 크고 날카로운 송곳니와 발톱을 가지고 있다.
- 몸의 60%가 근육인데도 고양잇과 특유의 유연성과 민첩성을 가지고 있다.

2. 사냥의 명수
- 최고 시속 약 64km 정도로 빠르게 달릴 수 있다.
- 기습에 뛰어나고, 물거나 발톱으로 거대한 사냥감도 쓰러뜨릴 수 있다.

싸우고 있는 숫사자들

❹ 영리한 사냥꾼 북극곰

거대한 몸집의 북극곰

분류 곰과의 포유류
크기 약 2~3m
무게 약 300~650kg
수명 야생 기준 약 20~25년
분포지 북극 전역, 캐나다, 미국 알래스카, 러시아 등

특징
❶ 코디액 곰과 함께 곰과 중 가장 몸집이 크다.
❷ 기후 변화를 상징하는 대표적인 멸종 위기종이다.
❸ 피부 아래로 두꺼운 지방층이 있어 북극 지방의 강추위도 잘 견딘다.
❹ 주로 물범을 잡아먹는 육식성 동물이다.
❺ 하얗게 보이는 털은 실제로는 투명하며 속은 비어 있다.

이래서 북극곰이 최고지!

1. 무서운 공격성과 파괴력
- 외모는 순해 보이지만 포악하고 공격적이다.
- 몸집에 비해 거대한 발은 3t★에 육박하는 파괴력을 지니고 있다.

2. 빠른 속력과 엄청난 지구력
- 빙판에서는 시속 약 40km, 물속에선 약 10km의 속도를 낼 수 있다.
- 한 번에 100km 이상 수영해서 이동할 수 있다.

새끼 때문에 싸우고 있는 북극곰들

★t(톤) 1kg의 1,000배, 즉 1,000kg.

숨은그림찾기!

복잡한 그림 속에 숨은 그림을 찾아 동그라미 하세요!

뻘둥이들의 도전

숨은 그림

 빵

 칫솔

 모자

 야구공

 나뭇잎

 수박

 도토리

 장갑

 핫도그

 고구마

 자석

 포크

 가지

 사탕

정답 164p

치타 vs 고릴라
코뿔소 vs 나일 악어

육상 동물 중에서 가장 빠른 동물로, 달리기 시작 2초 후에는 시속 72km, 최고 시속은 무려 약 110km에 달해.

약 110km/h
타조 약 80km/h
서러브레드 약 68km/h
기린 약 56km/h
멧돼지 약 48km/h
인도영양 약 97km/h
사자 약 64km/h
호랑이 약 60km/h
사람 약 35km/h

치타와 속력 비교

❺ 달리기 왕 치타

초원에서 쉬고 있는 치타

분류	고양잇과의 포유류
크기	몸길이 약 1.1~1.5m, 꼬리 길이 약 0.6~0.8m
무게	약 20~65kg
수명	야생 기준 약 8~10년
분포지	아프리카, 중동 일대

특징
❶ 육상 동물 중에서 가장 빠르다.
❷ 지구력이 약해 최대 속도로 달릴 수 있는 거리는 300m 미만이다.
❸ 번식이 끝나면 수컷은 떠나고, 암컷이 홀로 새끼를 키운다.
❹ 다른 맹수와 다르게 주로 낮에 사냥하고, 밤에 잠을 잔다.
❺ 성질이 비교적 온순해서 길들일 수 있으며 애완동물로 키워지기도 한다.

이래서 치타가 최고지!

1. 최강의 스피드
- 최고 시속 약 110km로, 100km대를 달리는 유일한 육상 동물이다.
- 단 2초만에 시속 72km까지 올릴 수 있을 정도로 순간 가속이 뛰어나다.

2. 달리기 최적의 신체
- 폐와 심장이 크며 발의 접지력이 뛰어나다.
- 발톱으로 땅을 박차며 달릴 수 있어 한 걸음에 7m 정도를 뛸 수 있다.

풀밭에서 달리고 있는 치타

❻ 영장류 최강 고릴라

고릴라 무리의 우두머리

분류 영장류에 속하는 유인원
크기 키(뒷발로 섰을 때) 약 2~2.3m
무게 수컷 약 136~181kg
　　　 암컷 약 72~98kg
수명 야생 기준 약 35~40년,
　　　 사육 경우 약 50년
분포지 중부 아프리카

특징 ❶ 인간, 원숭이, 오랑우탄 등이 속한 영장류 중에서 가장 크고 강하다.
❷ 멸종 위기종이며 전 세계에 약 13만여 마리가 살고 있다.
❸ 평소에는 온순하며 지능이 인간 다음으로 좋은 동물 중 하나이다.
❹ 보통 10~30마리 정도가 단체 생활을 한다.
❺ 수컷, 암컷 모두 새끼를 지극정성으로 키운다.

이래서 고릴라가 최고지!

1. 엄청난 신체 능력
- 인간 남자의 악력이 약 50kg인데 비해 고릴라의 악력은 약 330kg에 달한다.
- 무는 힘(치악력)도 사자, 호랑이와 비슷한 수준이다.

2. 무시무시한 외형과 공격 기술
- 크고 험상궂은 외모, 가슴을 주먹으로 치며 화를 내는 모습이 매우 위협적이다.
- 날아 차기, 바디 태클 등 다양한 공격 기술을 가지고 있다.

육중한 몸집의 수컷 고릴라

❼ 네 발 달린 전차 코뿔소

분류	코뿔솟과의 포유류
크기	몸길이 약 3.7m, 높이 약 1.7m
무게	수컷 약 2~3t, 암컷 약 1.6t
수명	평균 약 35~50년
분포지	아프리카, 남아시아

뿔이 돋보이는 암컷 흰코뿔소

특징
❶ 코끼리 다음으로 몸집이 큰 육상 초식 동물이다.
❷ 다섯 가지의 종이 있으며 모두 멸종 위기에 처해 있다.
❸ 종에 따라 1개 또는 2개의 뿔이 있다.
❹ 시력은 매우 나쁘나 후각과 청각은 예민하다.
❺ 정해진 장소에 대변을 누는 습성이 있다.

이래서 코뿔소가 최고지!

1. 전차 같은 돌진력
- 코끼리 다음가는 큰 몸집으로 시속 약 50km로 빠르게 돌진할 수 있다.
- 뿔을 앞세워 돌진하면 약 3t의 힘으로 공격할 수 있다.
- 이러한 힘으로 자신보다 큰 코끼리나 트럭도 쓰러뜨릴 수 있다.

2. 두껍고 질긴 가죽
- 피부는 의외로 부드럽고 매끈하지만 매우 질겨서 웬만한 공격으로는 찢어지지 않는다.

케냐 초원에서 싸우고 있는 코뿔소들

⑧ 강의 포식자 나일 악어

입을 벌리고 있는 나일 악어

분류 크로커다일과의 파충류
크기 몸길이 약 3.3~6.5m
무게 수컷 약 220~750kg,
　　　암컷 약 140~250kg
수명 야생 기준 약 45년
　　　사육 경우 약 50~60년
분포지 사하라 사막 이남 아프리카

특징
❶ 바다 악어에 이어 두 번째로 큰 파충류이다.
❷ 무는 힘은 현존 생물 중 바다 악어 다음으로 가장 세다.
❸ 한번 배불리 먹으면 최대 6개월까지 먹이를 먹지 않을 수 있다.
❹ 최대 수영 속력은 인간보다 3배 이상 빠른 시속 30~35km이다.
❺ 보통 2년 주기로 새로운 이빨로 교체된다.

이래서 나일 악어가 최고지!

1. 공포의 데스 롤(Death Roll)
- 상대를 공격하거나 먹이를 잘라 먹을 때 몸통을 빠르게 회전한다.
- 육중한 몸과 엄청난 무는 힘으로 몸통을 회전하면 웬만한 동물은 즉시 제압된다.

2. 순발력과 공격성
- 물속에서 튀어나오는 순발력이 뛰어나 표범과 치타, 사자도 잡을 수 있다.
- 배가 고프면 주위 동물이 무엇이든 공격한다.

아프리카 초원 위에 있는 나일 악어

호랑이 vs 하마
코끼리 vs 북극곰

안 돼! 정신 차려!

어지러워!

❾ 난폭한 싸움꾼 하마

분류	하마과의 포유류
크기	수컷 약 1.4~1.6m, 암컷 약 1.3~1.4m
무게	약 1~3t
수명	약 40~50년
분포지	주로 사하라 이남 아프리카

동작이 굼떠 보이지만 성격은 포악한 하마

특징
❶ 코끼리, 코뿔소 다음으로 몸집이 큰 육상 동물이다.
❷ 초식 동물이지만 공격성이 매우 강한 위험한 동물이다.
❸ 물속에서는 주로 땅을 발로 차면서 움직인다.
❹ 피부는 두터우며 자외선을 막아 주는 특수한 액체를 분비한다.
❺ 더운 낮에는 주로 물속에 있고 밤에 활동하는 야행성이다.

이래서 하마가 최고지!

1. 강한 턱과 두꺼운 가죽
- 하마의 턱 힘은 포유류 중 최강이다.
- 양턱을 150도 이상 벌릴 수 있어 큰 물체도 물 수 있다.
- 피부가 두꺼워 사자도 잘 물어뜯지 못한다.

2. 거대한 송곳니
- 송곳니의 최대 길이는 60cm로, 밖으로 드러난 부분은 30cm 정도이다.
- 이러한 송곳니는 악어의 가죽은 물론 암사자의 머리를 부술 정도로 강력하다.

입을 벌려 싸우고 있는 하마들

❿ 지상 최대 코끼리

분류	코끼릿과의 포유류
크기	어깨 높이 약 2.5~3.4m
무게	약 3~8t
수명	약 60~70년
분포지	사하라 사막 이남 아프리카, 인도, 동남아시아

육상 동물 중 가장 큰 동물인 코끼리

특징
❶ 현존하는 육상 동물 중 가장 크다.
❷ 청각과 후각은 뛰어나지만 시각은 둔하고 색맹이다.
❸ 임신 기간은 약 22개월, 갓 태어난 새끼는 약 100kg이다.
❹ 나이가 많은 암컷이 무리의 우두머리가 된다.
❺ 코끼리의 상아를 얻기 위한 밀렵으로 멸종 위기에 처해 있다.

이래서 코끼리가 최고지!

1. 압도적인 체구와 힘
- 몸무게 최대 8t으로, 코뿔소보다 2배 이상 크다.
- 근육 덩어리인 긴 코로 수백 kg의 물체도 들어 올린다.
- 이러한 체구와 코의 힘, 뾰족한 상아로 공격하면 대적할 상대가 없다.

2. 높은 지능과 빠른 속력
- 지능이 높아 기억력이 뛰어나다.
- 최고 시속 약 40km로 달릴 수 있을 정도로 빠르고 지구력도 뛰어나다.

상아와 코로 싸우고 있는 코끼리들

5화
랜덤 카드의 결과

★맷집 매를 견디어 내는 힘이나 정도.

아앗!
또 피했어~!
파팟
소용없다!
결국 기린이 먼저
지칠 거야!
하하하
흥! 예전에
TV에서 봤어!
기린에겐
비장의 무기가
있다고~!
슈벨맨

펑
와
펑
와
와
경기 종료!
이것으로 최강의 육상 동물 대결은 천상계 팀의 승리로 끝났습니다!

축하해, 영식아!
와하하! 이겼다~!
슈뻘맨이 이겼다~!
슈뻘맨
슈뻘맨

⑪ 키다리 기린

나무보다 키가 큰 기린

분류	기린과의 포유류
크기	키 약 4.8~5.5m
무게	수컷 약 1.2~2t, 암컷 약 0.8t
수명	약 25~30년
분포지	아프리카 일대

특징
❶ 육상 동물 중 가장 키가 크다.
❷ 앞다리가 뒷다리보다 약 10% 정도 더 길다.
❸ 목이 길지만 사람과 같이 목뼈는 7개이다.
❹ 머리까지 혈액을 공급하기 위한 튼튼한 심장을 가지고 있다.
❺ 느린 듯 보이지만 최고 시속 약 56km 정도로 빨리 달릴 수 있다.

이래서 기린이 최고지!

1. 뒷발 차기의 파괴력
- 뒷발 차기를 제대로 적중시키면 사자도 한 번에 죽일 수 있을 정도이다.

2. 몽둥이 같은 목
- 단단한 뼈와 근육으로 뭉쳐진 목을 몽둥이처럼 휘둘러 상대를 공격할 수 있다.
- 머리에는 혹처럼 생긴 뿔이 있는데 수컷끼리 싸울 때 공격력을 높여 준다.

목을 휘두르며 싸우고 있는 기린들

⑫ 협동 사냥꾼 하이에나

분류	하이에나과의 포유류
크기	몸길이 약 1.1~1.5m
무게	약 60~80kg
수명	약 15년
분포지	아프리카 전역, 아라비아반도, 인도

튼튼한 턱과 송곳니를 가진 하이에나

특징
❶ 아프리카의 육식 동물 중 사자 다음으로 크다.
❷ 낮에는 주로 굴이나 숲에 들어가 있고, 저녁 때부터 활동한다.
❸ 성질이 사나우며 후각, 청각, 시력이 뛰어나다.
❹ 암컷이 수컷보다 커서 무리의 우두머리를 맡는다.
❺ 사냥할 때는 주로 협동 공격을 한다.

이래서 하이에나가 최고지!

1. 튼튼한 턱과 이빨
- 동물의 뼈를 씹어 먹을 수 있을 정도로 턱과 이빨이 강하다.
- 때문에 동물의 사체를 남김없이 먹어 치워 '초원의 청소부'라고도 불린다.

2. 육상 포유류 최강의 무는 힘
- 사자나 호랑이보다 더 강한 무는 힘을 가지고 있다.
- 때문에 한번 문 사냥감은 잘 놓치지 않으며 다수가 모여서 사자를 공격하기도 한다.

싸우고 있는 하이에나들

34p

70p